Triángulos

Teddy Borth

Abdo
Kids

¡FORMAS DIVERTIDAS!

abdopublishing.com

Published by Abdo Kids, a division of ABDO, PO Box 398166, Minneapolis, Minnesota 55439.
Copyright © 2017 by Abdo Consulting Group, Inc. International copyrights reserved in all countries.
No part of this book may be reproduced in any form without written permission from the publisher.

Printed in the United States of America, North Mankato, Minnesota.

102016

012017

THIS BOOK CONTAINS
RECYCLED MATERIALS

Spanish Translator: Maria Puchol

Photo Credits: Glow Images, iStock, Shutterstock

Production Contributors: Teddy Borth, Jennie Forsberg, Grace Hansen

Design Contributors: Candice Keimig, Dorothy Toth

Publisher's Cataloging-in-Publication Data

Names: Borth, Teddy, author.

Title: Triángulos / by Teddy Borth.

Other titles: Triangles. Spanish

Description: Minneapolis, MN : Abdo Kids, 2017. | Series: ¡Formas divertidas! |
    Includes bibliographical references and index.

Identifiers: LCCN 2016947325 | ISBN 9781624026201 (lib. bdg.) |
    ISBN 9781624028441 (ebook)

Subjects: LCSH: Triangles--Juvenile literature. | Geometry--Juvenile literature. |
    Shapes--Juvenile literature. | Spanish language materials--Juvenile literature.

Classification: DDC 516/.154--dc23

LC record available at http://lccn.loc.gov/2016947325

Contenido

Triángulos

Un triángulo tiene 3 lados.

También tiene 3 ángulos.

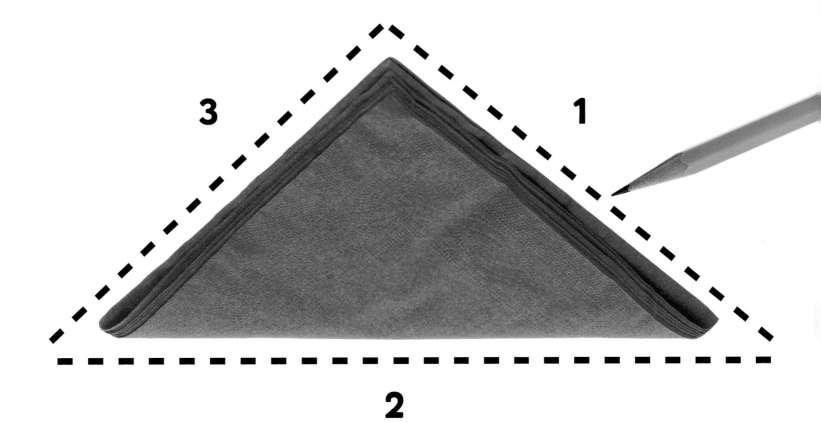

3

1

2

5

¡Hay triángulos por
todas partes!

7

Vemos triángulos en las ventanas y en los techos.

Cortamos los pasteles en triángulos. ¡Así es más fácil compartir!

Vemos triángulos en los barcos.
Las velas son triángulos. Hacen
que el barco se mueva.

Hay triángulos en los puentes.

Los hacen más fuertes.

15

Vemos triángulos en la música.

Kate toca el triángulo.

¡Si cortas un rectángulo por la mitad, salen dos triángulos!

¡Mira a tu alrededor! Seguro que verás algún triángulo.

¡Cuenta los triángulos!

Glosario

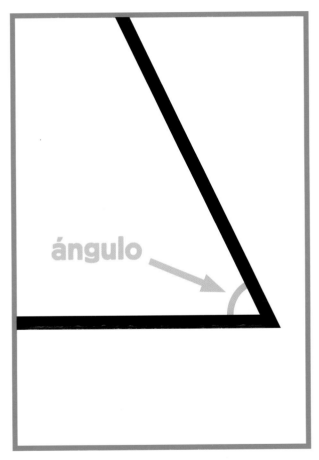

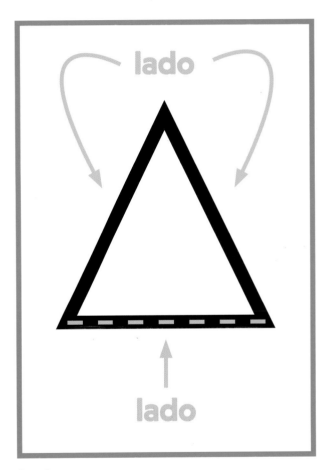

ángulo
espacio formado entre dos líneas
que se juntan en un punto.

lado
línea que forma el borde de
un objeto.

Índice

abdokids.com

¡Usa este código para entrar en abdokids.com y tener acceso a juegos, arte, videos y mucho más!

Código Abdo Kids:
STK1477